BEI GRIN MACHT SICH IHR
WISSEN BEZAHLT

AF166928

- Wir veröffentlichen Ihre Hausarbeit,
  Bachelor- und Masterarbeit

- Ihr eigenes eBook und Buch -
  weltweit in allen wichtigen Shops

- Verdienen Sie an jedem Verkauf

Jetzt bei www.GRIN.com hochladen
und kostenlos publizieren

Knappe Beispielfälle im Wirtschaftsrecht. Schadensersatz und Kündigungsrecht des Arbeitgebers sowie die rechtliche Stellung einer OHG

Lisa Ewerling

Bibliografische Information der Deutschen Nationalbibliothek:

Die Deutsche Nationalbibliothek verzeichnet diese Publikation in der Deutschen Nationalbibliografie; detaillierte bibliografische Daten sind im Internet über http://dnb.d-nb.de abrufbar.

ISBN: 9783346315977
Dieses Buch ist auch als E-Book erhältlich.

Sonderprüfung: Einsendeaufgabe

Abgegeben am 15.07.2020

SRH Fernhochschule

Modul: Wirtschaftsrecht

Studiengang: Wirtschaftspsychologie

Von

Lisa Ewerling

Wirtschaftspsychologie

2

Inhaltsverzeichnis

1.Prüfung eines Schadenersatzfalles auf seine Gültigkeit

1.1. Darstellung des Falls

Anton hat sich verletzt, als er eine Drogerie betritt, um dort einzukaufen. Ein Mitarbeiter des Geschäfts, dessen Name Felix ist, wischt zu dieser Zeit den Fußboden feucht auf. Aufgrund dessen, dass der Boden mit glänzendem Belag versehen ist, ist es unmöglich, die Nässe zu erkennen. Genau zu der Zeit als Anton die Drogerie betritt, ist Felix für ihn nicht sichtbar und es bestehen keine Hinweise, wie ein Warnschild wegen Nässe. Da Anton ausrutscht und sich einen Bänderriss im linken Fuß zuzog, verlangt dieser nun Schadensersatz für die Heilbehandlungskosten, die er selber zahlen müsste, vom Inhaber des Geschäftes. Nun ist die Rechtslage des aktuellen Falls zu untersuchen. Allgemein ist zu sagen, dass das jedem anderen, der die Drogerie betreten hätte, passiert wäre und Anton keine Möglichkeit hatte, zu erkennen, dass der Boden gewischt wurde.

1.2. Überprüfung der Rechtslage

Konkretisierung des Falls (wer will was von wem woraus): der Geschädigte Anton will Schadensersatz für die entstandenen Heilbehandlungskosten von dem Inhaber der Drogerie Meier.

Eine Pflichtverletzung liegt vor bei Unmöglichkeit, bei Schlechtleistung und bei Verzug. In diesem Fall liegt eine Pflichtverletzung vor, da der Schuldner, der Mitarbeiter der Drogerie, schlecht geleistet hat, da dieser ein Warnschild für Nässe aufstellen hätte müssen. Eine Pflichtverletzung hat unterschiedliche Rechtfolgen, die Erfüllung, der Schadensersatz und der Rücktritt. Der Gläubiger kann in dem vorliegenden Fall Schadensersatz aus § 280 BGB verlangen. Die Unmöglichkeit liegt nicht vor, da der Schuldner die Leistung erbringen kann. Nach § 276 BGB hat der Schuldner seine Pflichten zu vertreten. Nun stellt sich die Frage, ob Felix vorsätzlich oder fahrlässig gehandelt hat. Vorsatz würde vorliegen, wenn er mit Wissen und Wollen gehandelt hätte. Jedoch hat der Mitarbeiter eindeutig mit Fahrlässigkeit gehandelt, da er die im Verkehr erforderliche Sorgfalt außer Acht gelassen hat. Er hat nicht absichtlich gehandelt, jedoch vielmehr die Gefahr, die eintreten kann, hätte sehen müssen. Als Rechtsfolge hat der Gläubiger einen Anspruch auf Ersatz des Schadens nach §§ 280 ff

BGB, da durch die Pflichtverletzung ein Schaden bei Anton entstanden ist, nämlich der Bänderriss im linken Fuß. Dem zu Folge, dass ein Schadenersatzanspruch aus Gefährdung entstanden ist, muss nun die Art und die Höhe des Schadensersatzes ermittelt werden. Dies erfolgt nach §§ 249 bis 254 BGB. Der Schuldner, Felix, muss den Zustand, der bestehen würde, wenn der Umstand nicht eingetreten wäre, also, wenn Anton nicht ausgerutscht wäre, nach § 249 I BGB wiederherstellen. Da man den Bänderriss im linken Fuß nicht rückgängig machen kann, gibt es die Möglichkeit der Geldentschädigung. Nach § 249 II BGB ist dies möglich, wenn eine Person verletzt wurde. Es ist genau der Geldbetrag zu leisten, der für die Heilbehandlung des linken Fußes nötig ist und, die nicht von der Krankenkasse übernommen wird. Demnach kann der Zustand wiederhergestellt werden. Auch gibt es nach dem Gesetz eine Geldentschädigung für Anton, da es ein Nichtvermögensschaden ist. Das heißt, dass ein Schaden an immateriellen Rechtsgütern entstanden ist, zu dem die Verletzung einer Person zählt. Ein Vermögensschaden wäre es, wenn ein materielles Gut verletzt wurde. Es muss nur der unmittelbare Schaden, also bei Körperverletzung die Heil- und Pflegekosten, ersetzt werden. Ebenso wichtig ist es, die Kausalität des Rechtfalls zu überprüfen. Man unterscheidet zwei Arten, die haftungsbegründete und die haftungsausfüllende Kausalität. Es ist nun zu überprüfen, ob die Rechtsgutverletzung ohne die Handlung entstanden wäre. Bei der haftungsbegründeten Kausalität wird die kausale Beziehung zwischen der Handlung und der Verletzung überprüft. In dem vorliegendem Fall wäre es nicht zu einer Verletzung des Gläubigers gekommen, wenn der Mitarbeiter der Drogerie den Boden nicht gewischt hätte. Die haftungsausfüllende Kausalität überprüft die kausale Beziehung zwischen dem Schaden und der Rechtsgutverletzung. Der Schaden wäre nicht ohne Rechtsgutverletzung entstanden. Nämlich, wenn Felix ein Hinweisschild aufgestellt hätte, wäre Anton auf den feuchten Fußboden aufmerksam geworden und hätte beim Betreten des Geschäftes Acht gegeben. Ein Mitverschulden des Gläubigers liegt in diesem Fall nicht vor. Jedoch hat Anton Schadensersatz vom Inhaber des Geschäfts gefordert, dieser hat nichts mit dem Schaden zu tun. Es ist nun zu überprüfen, ob der Schuldner, der Mitarbeiter Felix, oder doch der Arbeitgeber von Felix für die Geldstrafe aufkommen muss. Es wird angenommen, dass ein Arbeitsvertrag zwischen den Inhaber der Drogerie und des Mitarbeiters Felix abgeschlossen wurde. Demnach hat sowohl der Dienstberechtigte, als auch der Dienstverpflichtete Pflichten. Der Dienstverpflichtete, der Arbeitnehmer, hat Hauptpflichten, jedoch auch Nebenpflichten. Nach § 242 BGB bestehen Schutz- und Treuepflichten gegenüber dem Dienstherrn. Dazu gehört auch beim Wischen des Bodens das Aufstellen eines Warnschildes für Nässe. Nun wird überprüft, ob der Arbeitgeber ein Mitverschulden an dem Schaden hat oder nicht. Wenn der Inhaber der Drogerie Meier den Mitarbeitern kein Warnschild für Nässe zur Verfügung stellt und diese nicht darauf hingewiesen hat, dieses aufzustellen, haftet der Inhaber teilweise. Jedoch, wenn dies gegenteilig der Fall ist, hätte der Mitarbeiter das ihm vorliegende Warnschild aufstellen müssen. Im Regelfall haftet der Arbeitnehmer gegenüber Dritten Außenstehenden voll, da der Arbeitgeber damit nichts zu tun hat. Somit ist Anton verantwortlich, alle Heilbehandlungskosten zu zahlen, wenn es ein Warnschild gegeben hat und er dieses aufstellen hätte können, es aber nicht getan hat. Wenn der Arbeitgeber den Arbeitnehmern kein Schild für Nässe zur Verfügung stellt, trifft ihm eine Teilhaftung. (Paulic, 2018, S. 38-87)

Nun wird dieser Fall mit einem ähnlichen verglichen, der nun kurz beschrieben wird. Eine Mitarbeiterin eines Unternehmens ist auf einer frisch gewischten Treppe ausgerutscht, brach sich das linke Handgelenkt und erlitt mehrere Prellungen. Sie verklagte das Reinigungsunternehmen auf Schadensersatz. Jedoch hat den Unfall die Klägerin selbst verschuldet, da die Treppe jeden Tag zur gleichen Zeit geputzt wird, wovon die gestürzte Frau wusste. Ebenso hatte das Reinigungsunternehmen keine Pflichten zur Sicherung verletzt, da man nur vor Gefahren warnen muss, wenn diese nicht offensichtlich erkennbar sind. In diesem Fall war es durch die Farbe und Musterung der Treppe eindeutig erkennbar, dass diese nass ist und somit eine Gefahr bestehen könnte. Die Frau konnte dies selbstständig erkennen, im Gegensatz zu dem zuvor bearbeiteten Fall, bei dem sich Anton beim Betreten der Drogerie verletzte. Dort war aufgrund des Fußbodens nicht erkennbar, dass dieser frisch gewischt war und somit wäre es die Pflicht des Arbeitnehmers der Drogerie gewesen, ein Warnschild für Nässe aufzustellen und somit hat er die Sicherungspflicht gegenüber Dritter vernachlässigt. (Fischer, 2013)

Zusammenfassend haftet der Arbeitnehmer selber gegenüber Dritte: „Der Arbeitnehmer haftet gegenüber diesen nach den allg. Vorschriften über die unerlaubten Handlungen. Im Innenverhältnis von Arbeitgebern und –nehmern können die Schäden Dritter nicht anders behandelt werden als Schäden des Arbeitgebers. Der Arbeitnehmer hat daher einen Freistellungsanspruch gegen den Arbeitgeber bei betrieblicher Arbeit und leichter Fahrlässigkeit." (Bartscher/Krumme/Nissen/Wickert, 2018, S. 116)

Wenn der Mitarbeiter der Drogerie eine Haftpflichtversicherung besitzt, übernimmt diese höchstwahrscheinlich die durch den Unfall entstandenen Heilbehandlungskosten des Geschädigten. Es liegt ein Personenschaden vor. Der Verursacher des Schadens hat diesen einem Dritte zugefügt, da er seine Sorgfaltspflicht verletzt hat (vgl. § 823 BGB). Wegen der fahrlässigen und unabsichtlichen Handlung sollte die Haftpflichtversicherung im Normalfall entscheiden, dass diese die Kosten des Schadens trägt. Jedoch wird die Rechtsabteilung der Versicherung die Rechtslage ein weiteres Mal eigenständig überprüfen und entscheidet somit, ob die entsprechenden Heilbehandlungen, die nicht von der Krankenkasse übernommen werden, tatsächlich notwendig sind, um den Bänderriss im linken Fuß des Geschädigten zu heilen, oder, ob, es sich hierbei um unnötige Behandlungskosten handelt. Das Schmerzensgeld muss sich darüber hinaus auf die direkten Kosten nach dem Unfall beziehen und der Unfall muss unbeabsichtigt und nicht mutwillig entstanden sein. Demnach hat Der Mitarbeiter der Drogerie Meier, Anton, gute Chancen, dass seine Haftpflichtversicherung die notwendigen Kosten der Behandlung übernimmt.

2. Die Offene Handelsgesellschaft

2.1. prägnante Definition der OHG

„[…] die „Offene Handelsgesellschaft" (OHG) eine Gesellschaft, deren Zweck auf den Betrieb eines Handelsgewerbes unter gemeinschaftlicher Firma gerichtet ist, wenn bei keinem der Gesellschafter die Haftung gegenüber den Gesellschaftsgläubigern beschränkt ist." (Führich, 2014/Kindler, 2014; zitiert nach Hörmann/Schempf/Wirlitsch, 2015, S. 42) Die Firma des Unternehmens muss im Handelsregister eine Eintragung haben und entweder ausschließlich eigenes Vermögen verwalten oder keinen Geschäftsbetrieb erfordern. (Führich, 2014/Kindler, 2014; zitiert nach Hörmann/Schempf/Wirlitsch, 2015, S. 42)

Nun werden einige Vor- und Nachteile der OHG dargestellt. Bei der OHG ist kein Mindestkapital erforderlich. Ebenso für die Offene Handelsgesellschaft spricht, dass diese ein hohes Ansehen bei Kreditinstituten, somit eine gute Kreditwürdigkeit, hat. Ebenso hat jeder Gesellschafter ein hohes Maß an der Möglichkeit mitzubestimmen. Nachteilig für die Gesellschaft ist, dass diese in eine Eintragung in das Handelsregister erfordert. Auch ist man abhängig von der Person der Gesellschafter. Ein weiterer Nachteil einer OHG ist die unbeschränkte Haftung aller Beteiligten, da sehr strenge Haftungsrichtlinien bestehen.

2.2. Erläuterung der Geschäftsführung und Vertretung

Bei der OHG muss nach §§ 114 bis 117 bzw. §§ 125 bis 127 HGB zwischen Innen- und Außenverhältnis unterschieden werden. Das Innenverhältnis meint das Verhältnis der Geschäftsführung der Gesellschafter untereinander. Wohingegen beim Außenverhältnis Dritte hinzugezogen werden. Wichtig ist das Treffen von schnellen Entscheidungen. Aus diesem Grund ist für die Gesellschaft die Einzelgeschäftsführung angesetzt. Es darf auf diese Art jedoch nur über gewöhnliche Betriebshandlungen entschieden werden. Außergewöhnliche Geschäfte werden nur mit der Zustimmung aller Geschäftsführer beschlossen. Die Vertretungsmacht nach außen ist für alle Gesellschafter uneingeschränkt. (Hörmann/Schempf/Wirlitsch, 2015, S. 44-47) „Gesellschafterbeschlüsse sind danach für außergewöhnliche Geschäftsmaßnahmen sowie natürlich für die Grundlagenentscheidung wie die Änderung des Gesellschaftszwecks, die Aufnahme neuer Gesellschafter, die Fortsetzung der Gesellschaft nach Kündigung oder Austritt eines Mitgesellschafters oder auch die Auflösung der Gesellschaft erforderlich." (Meyer, 2018, S. 124) Diese werden nur gefasst, wenn alle Gesellschafter zugestimmt haben (§ 119 I HGB). Demnach wird meist nach der Anzahl der Personen, weniger nach dessen Kapitalanteilen, entschieden. (Meyer, 2018, S. 124-125)

Alleingeschäftsführungsbefugnis

Jedem Gesellschafter steht diese Befugnis zu. Nach § 114 Abs. 2 HGB können bestimmte Gesellschafter ausgeschlossen werden. Dies wird im Gesellschaftsvertrag festgelegt, nämlich, dass nur bestimmte Gesellschafter die Geschäftsführungsbefugnis haben. Wie bereits erwähnt, umfasst laut § 116 Abs. 1 HGB die Befugnis nur Handlungen, die der gewöhnliche Betrieb des Gewerbes mit sich bringt. Nach § 116 Abs. 2 HGB muss die Zustimmung aller Gesellschafter erfolgen, wenn es sich um risikoreiche Geschäfte handelt, die die gewöhnlichen Tätigkeiten der Gesellschaft übertreffen. Der Geschäftsführer veranlasst eine Versammlung der Gesellschafter, um Einstellungen hinsichtlich des Betriebes zu beschließen. Es ist auch eine Mehrheitsentscheidung möglich, da der Gesellschaftsvertrag dies zulässt. Die Geschäftsführung haftet für Schäden, die entstehen, wenn die internen Bindungen nicht ausreichend beachtet werden.

Widerspruchsrecht

Die anderen geschäftsführenden Gesellschafter haben ein Widerspruchsrecht gegen einzelne Maßnahmen aus § 115 Abs. 1 HGB. Jedoch muss der Widerspruch erklärt werden. Die Geschäftsführungsbefugnis wird für das eine Geschäft aufgehoben. Wenn die Handlung trotzdem ausgeführt wird, wurde der Gesellschaftsvertrag verletzt und der Geschäftsführer muss Schadensersatz leisten. Zu diesen besonderen Geschäften gehören z. B. die Ersteigerung von Grundstücken und der Verkauf von Wertpapieren. Jedoch schließt der Widerspruch gegen den Geschäftsführer ihn nicht von allen künftigen Handlungen aus und auch nicht von der gesamten Geschäftsführung. Dies gilt nur für diesen einen Fall. (Hörmann/Schempf/Wirlitsch, 2015, S. 44-47)

Die Vertretung

Nach außen haben alle Gesellschafter das Recht zu vertreten (§ 126 Abs. 2 HGB). Im Falle, dass mehrere Gesellschafter außenstehende Erklärungen abgeben, die sich widersprechen, ist die erste wirksam. Da von den gesetzlichen Vorschriften der Einzelvertretung abgewichen werden kann, kann die Geschäftsführung bestimmte Regeln durch andere ersetzen. Man unterscheidet die echte und die unechte Gesamtvertretung. Nach § 125 Abs. 2 HGB ist die echte Gesamtvertretung eine Regel, dass nur mehrere Gesellschafter zusammen vertreten dürfen, dies sind öfters zwei. „Unechte Gesamtvertretung liegt vor, wenn ein Gesellschafter in Gemeinschaft mit einem Prokuristen zur Vertretung berechtigt ist (§125 Abs. 3 HGB). Die Vereinbarung unechter Gesamtvertretung darf aber nie dazu führen, dass die Gesellschaft ohne Mitwirkung von

Prokuristen überhaupt nicht mehr vertreten werden kann." (Hörmann/Schempf/Wirlitsch, 2015, S. 46) Die Vertretungsmacht beinhaltet alle Rechtsgeschäfte, ebenso die Schenkung. Es gibt Grundlagengeschäfte, diese betreffen das Innenverhältnis der Gesellschafter. Somit wirkt bei beispielsweise der Änderung des Gesellschaftsvertrags oder des Ausschlusses eines Gesellschafters die umfassende Vertretungsmacht nicht mehr. (Hörmann/Schempf/Wirlitsch, 2015, S. 44-47) Durch den Part der Vertretung wird der Rechtsverkehr geschützt. Ebenso können die Geschäfte einfacher schnell abgewickelt werden. (Meyer, 2018, S. 127)

Entzug der Geschäftsführungsbefugnis

Die Gesellschafter können einen Antrag stellen, dass jemandem die Geschäftsführungsbefugnis entzogen wird. Dies geschieht durch eine gerichtliche Entscheidung (§117 HGB). Hierfür muss aber ein wichtiges Anliegen vorliegen, das gut begründet werden muss. Ebenso muss die Pflicht des Geschäftsführers grob verletzt worden sein oder der Geschäftsführer sei unfähig, die Gesellschaft ordnungsgemäß zu vertreten.

Allgemein kann man die Geschäftsführung und die Vertretung voneinander abgrenzen. Die Vertretungsmacht ist gesetzlich vorgeschrieben und regelt das Außenverhältnis. Wohingegen die Geschäftsführung das Innenverhältnis regelt, das individuell durch das Unternehmen definiert werden kann. (Hörmann/Schempf/Wirlitsch, 2015, S. 44-47)

Vergleich der Geschäftsführungs- und Vertretungsbefugnis mit anderen Gesellschaften:

	Geschäftsführungsbefugnis	Vertretungsbefugnis
AG	Vorstand (unter Kontrolle vom Aufsichtsrat)	Alle Vorstandsmitglieder (gemeinschaftlich)
GmbH	Ein oder mehrere Geschäftsführer	Vertretungsmacht der Geschäftsführer nach innen und außen
KG	Persönlich haftender Gesellschafter	Vertreten von den Komplementären
GbR	Gesellschafter mit gemeinschaftlicher Geschäftsführung	Gemeinschaftliche Gesamtvertretung

3. Die Kündigung (§ 622, 626 BGB)

3.1. Überblick über den Fall

Aufgrund der Coronakrise brechen einige Märkte stark ein, unter anderem auch der Reisemarkt. Aus diesem Grund muss der Reiseveranstalter Sonnenscheintours GmbH, der 50 Mitarbeiter beschäftigt, auch in der Buchhaltung mehrere Stellen streichen. Einer der Mitarbeiter in der Buchhaltung ist Anton, der 50 Jahre alt ist und zwei minderjährige Kinder hat. Er ist bereits 10 Jahre im Unternehmen. Bernd, der seit 7 Jahren im Unternehmen ist, ist 45 Jahre alt, verheiratet, jedoch ohne Kinder. Bernd wird vom Personalleiter der GmbH ein Schreiben übergeben, er würde bis zum Monatsende mit einer Frist von drei Monaten gekündigt. Diese Entscheidung ist jedoch mit der des Betriebsrats widersprüchlich. Nun stellt sich die Frage inwiefern diese Kündigung wirksam ist.

3.2. Überprüfung der Wirksamkeit der Kündigung (Hörmann/Schempf/Wirlitsch, 2015, S. 97-108)

Die Wirksamkeit der Kündigung wird nun genau überprüft. Zuerst wird das Beenden des Arbeitsverhältnisses auf die allgemein einzuhaltenden Kriterien untersucht. Es handelt sich um eine ordentliche Kündigung, bei der die gesetzlichen oder tariflichen Fristen eingehalten werden. Bei einer außerordentlichen Kündigung würde das Arbeitsverhältnis fristlos gekündigt werden und dies liegt bei dem aktuellen Fall nicht vor, da Bernd eine Frist von drei Monaten zum Monatsende bekommen hat. Es muss eine fehlerfreie Kündigungserklärung vorliegen. Zuerst wird die Bestimmtheit überprüft. Wenn die Kündigung inhaltlich deutlich formuliert ist und ohne Zweifel ist, erfüllt die Sonnenscheintours GmbH die Anforderung. Nicht jeder Mitarbeiter eines Unternehmens ist berechtigt, eine Kündigung für einen anderen Mitarbeiter auszustellen. Jedoch ist der Personalleiter des Reiseveranstalters hierfür berechtigt (§174 S. 2 BGB). Auch ist es nicht umgänglich, eine Form einzuhalten. „Gemäß § 623 BGB bedarf jede Beendigung eines Arbeitsvertrages durch Kündigung der Schriftform. [...], wenn der Aussteller das Schreiben eigenhändig durch Namensunterschrift unterzeichnet." (Hörmann/Schempf/Wirlitsch, 2015, S. 99) Diese Vorschrift muss nicht nur der Arbeitgeber, wie in dem vorliegendem Fall, sondern auch der Arbeitnehmer einhalten. Es genügt also nicht, dem Arbeitnehmer mündlich mitzuteilen, dass dieser nun nicht weiter beschäftigt wird. Wenn die Formvorschrift nicht eingehalten würde, wäre die Kündigung nichtig (§ 125 S. 1 BGB). Der Personalleiter hat Bernd ein Schreiben persönlich übergeben. Wenn dieses Schreiben, also die Kündigung, unterschrieben ist, ist diese Voraussetzung erfüllt. Ebenso ist eine Kündigung laut § 130 BGB nur wirksam, wenn diese zugegangen ist. Somit wird entweder ein persönlicher verlässlicher Bote benötigt oder die Kündigung wird als Einwurf-Einschreiben durch die Deutsche Post AG übergeben. Dadurch, dass Bernd sein Schreiben persönlich bekommen hat, ist der Zugang direkt erfolgt und deshalb die Kündigung auch wirksam. Nun kann man feststellen, dass die allgemeinen Kriterien der Wirksamkeit erfüllt sind.

Aufgrund dessen, dass der Betriebsrat der Kündigung widerspricht, ist die Berechtigung des Schreibens noch einmal zu überdenken. Allgemein müssen zwingend notwendig dem Betriebsrat die wichtigsten Informationen übergeben werden. Diese sind zuerst die Personendaten, die Sozialdaten, den Termin, ebenso wie die Gründe und die Art der Kündigung. Demnach wird ein Anhörungsverfahren eingeleitet (§ 102 BetrVG). Nach diesem widerspricht der Betriebsrat der Sonnentours GmbH die Kündigung des Mitarbeiters der Buchhaltung Bernd. Innerhalb einer Woche muss sich der Betriebsrat beraten haben und einen Beschluss getroffen haben. Dieser stimmt entweder zu, hält sich still oder verneint. In dem Fall des Reiseveranstalters verneint der Betriebsrat und widerspricht. Es ist aus dem vorliegendem Text nicht zu erkennen, ob der Widerspruch schriftlicher Form und begründet ist. Dies ist zwingend notwendig. Eine rein mündliche Verneinung, ohne diese zu begründen, würde nicht ausreichen. Der Personalleiter kann nun den Arbeitnehmer kündigen. Jedoch muss der Betriebsrat-Widerspruch dem Schreiben an Bernd beiliegen. Es ist nicht offensichtlich, ob dies der Fall war. Dies wäre jedoch wichtig, da Bernd dann eine Kündigungsschutzklage innerhalb von 21 Tagen einreichen kann. Nun entscheidet das Arbeitsgericht über die Bestandslage und, ob die Kündigung nun wirksam ist oder nicht. Aus diesem Grund kann der Arbeitnehmer Bernd auf jeden Fall seine Beschäftigung verlangen, bis der Rechtsstreit beendet wurde, eben, da der Betriebsrat widersprochen hat. Wenn die Kündigung vom Arbeitsgericht als wirksam geltend gemacht wird, hat Bernd einen Anspruch auf Weiterbeschäftigung (§ 102 V BetrVG), bis der Rechtstreit beendet ist. Die Arbeitsbedingungen sollten die Selben sein, wie vor seiner Kündigung.

Anschließend wird die Kündigungsfrist überprüft. Die Berechnung der Zeit zwischen dem Eingang der Kündigung und des Austritts aus dem Unternehmen geschieht nach § 181 ff. BGB. Die Standardfrist beträgt vier Wochen zum 15. Oder zum Ende des Kalendermonats (§ 622 I BGB). Die tariflich vereinbarten Fristen können die Grundfristen abändern. Diese kann entweder vertraglich vereinbart verlängert sein oder auch verkürzt. Der Mitarbeiter Bernd ist bereits seit sieben Jahren in dem Unternehmen beschäftigt. Das heißt, er hat, laut den Standardkündigungsfristen, eine Frist von zwei Monate zum Monatsende. Diese zwei Monate zählen nach fünf Jahres Betriebszugehörigkeit. Wäre Bernd bereits ein Jahr länger bei dem Reiseveranstalter beschäftigt, hätte ihm sogar eine Frist von drei Monaten zum Monatsende zugestanden.

Da es sich um eine ordentliche Kündigung handelt, besteht der Grundsatz der Kündigungsfreiheit. Also muss der Arbeitgeber keinen grundsätzlichen Grund nennen. Ein besonderer Kündigungsschutz trifft nicht ein, da Bernd sowohl kein Betriebsrat ist, nicht schwanger ist, kein Elternteil in Elternzeit ist, als auch nicht schwerbehindert ist. Jedoch ist der Arbeitgeber verpflichtet, dass eine Kündigung sozial gerechtfertigt und somit wirksam ist (§ 1 I KSchG). In dem vorliegendem Fall handelt es sich nicht um Gründe in der Person. Das heißt, es müsste an dem Arbeitnehmer Bernd liegen, dass sein Arbeitgeber ihn ausstellen möchte. Dies ist nicht ersichtlich. Bernd kann somit nichts dafür, dass ihn die Sonnenscheintours GmbH ausstellen möchte. Ebenso liegt es nicht am Verhalten des Arbeitnehmers. Er hat sich nicht schlecht verhalten, weswegen er ein Kündigungsschreiben bekommt. Jedoch liegen dringende betriebliche Erfordernisse vor. Aufgrund dessen, dass der Reisemarkt wegen der Coronakrise stark einbricht, muss das Unternehmen Stellen abbauen, somit auch in der Buchhaltung. Aber es muss deutlich sein, dass die Auflösung des Arbeitsplatzes das letzte Mittel ist und, dass die Kündigung personen-, verhaltens- oder betriebsbedingt ist. Diese eben beschriebene Prüfung der sozialen Rechtfertigung wird nur bedeutsam für einen Arbeitnehmer, wenn er unter das Kündigungsschutzgesetz fällt. Voraussetzungen hierfür sind, dass das Unternehmen mehr als fünf Angestellte beschäftigt. Die Sonnenscheintours GmbH hat 50 Mitarbeiter, somit ist diese Voraussetzung erfüllt. Ebenso muss das Arbeitsverhältnis mehr als sechs Monate betragen. Dies wird auch erfüllt, da Bernd bereits seit sieben Jahres Arbeitnehmer des Reiseveranstalters ist. Auch trifft zu, um unter das Kündigungsschutzgesetz zu fallen, dass Bernd Arbeitnehmer in der Buchhaltung ist, er ist kein freier Mitarbeiter. Demnach muss die Kündigung auf jeden Fall sozial gerechtfertigt sein. Und diese ist es auch, da ihm betriebsbedingt gekündigt wurde. Nun wird begründet, dass es sich weder um eine personenbedingte noch um eine verhaltensbedingte Kündigung handelt. Bei der personalbedingten Kündigung geht es rein um die Person, wie man der Bezeichnung entnehmen kann. Es geht darum, dass der Arbeitnehmer aufgrund persönlicher Eigenschaften und Fähigkeiten, körperlicher oder geistiger Art, nicht weiter fähig ist, seine Arbeit vorschriftgemäß und ordentlich zu erledigen. Dies trifft bei Bernd nicht zu, da er seinen Job in der Buchhaltung bereits seit sieben Jahren ausübt und vermutlich auch sehr eingearbeitet in seinem Gebiet ist. Es spricht nichts dafür, dass er nicht ausreichende Fähigkeiten für die Arbeitserfüllung aufweist. Auch geht es bei dem Fall von Bernd nicht darum, dass er verhaltensbedingt gekündigt wurde, da er anzunehmen pflichtbewusst seine Arbeit ausgeübt hat. „Verhaltensbedingt ist eine Kündigung, wenn eine erhebliche Pflichtverletzung des Arbeitnehmers festzustellen ist. Anknüpfungspunkt sind steuerbare Verhaltensweisen des Arbeitnehmers, die zugleich eine Verletzung arbeitsvertraglicher Pflichten darstellt." (Hörmann/Schempf/Wirlitsch, 2015, S.

105) Beispiele sind hierfür das Fälschen von Zeugnissen, die Schlechterfüllung der Leistungspflicht oder die beharrliche Arbeitsverweigerung. Demnach hat die Sonnenscheintours GmbH Bernd betriebsbedingt gekündigt. Folgend wird die Annahme begründet. Dem Arbeitgeber ist es nicht mehr möglich, Bernds Arbeitsplatz zur Verfügung zu stellen. Gründe hierfür könnten sowohl innerbetriebliche Gründe, als auch außerbetriebliche Gründe sein. Folge der Coronakrise sind innerbetriebliche und außerbetriebliche Gründe für eine Kündigung wegen des Einbruchs des Reisemarktes. Da das Reisen in dieser Ausnahmesituation fast gesamt verboten war, litt auch der Reisemarkt. Dieser machte keine Geschäfte mehr oder nur wenige und musste von seinem Ersparten überleben und die Unternehmen erhalten. Folglich hatten die Arbeitnehmer kaum bis hin zu keiner Arbeit oder Kurzarbeit und mussten trotzdem bezahlt werden. Dies ist für jedes Unternehmen zur sehr schwer zu stemmen. Häufig blieb den stark betroffenen Branchen nichts anderes übrig, als Mitarbeiter zu entlassen. Also waren außerbetriebliche Gründe der Auftragsrückgang und innerbetriebliche der Verlust der Arbeit der Beschäftigten. Nun werden die allgemeinen Voraussetzungen für eine betriebliche Kündigung aufgezeigt und untersucht, welche im Falle Bernds zutreffend sind. Es ist eine unternehmerische Entscheidung. Jedoch muss diese vernünftig, sachlich und auf keinen Fall willkürlich ausfallen. Auch spielen betriebliche Gründe, wie eben erwähnt, eine große Rolle. Zudem folglich der Beschäftigungswegfall. Es muss sichergestellt sein, dass der Personalleiter den Mitarbeiter Bernd nicht in einem anderen Bereich einsetzen kann. Es muss auf jeden Fall gegeben sein, dass die Arbeitsplätze weniger werden müssen, wie auch in dem vorliegendem Fall beschrieben, dass die Entscheidung getroffen wurde, mehrere Stellen zu streichen. Ein weiterer Faktor ist die Dringlichkeit. Es muss deutlich sein, dass auf organisatorischen und wirtschaftlichen Gebiet die Kündigung wegen der betrieblichen Lage unvermeidbar ist. Wichtig wäre, dass das der Personalleiter zusammen mit dem Betriebsrat noch einmal überprüft, ob es nicht doch möglich wäre, Bernd weiter zu beschäftigen. Abschließend ist noch zu überprüfen, ob es vergleichbare Arbeitnehmer gegeben hätte. Man muss Arbeitnehmer betrachten, die mit Bernd vergleichbar sind. Anton ist im selben Betrieb tätig und hat den gleichen Beruf wie Bernd erlernt. Ebenso sind beide auf einer hierarchischen Ebene. Es sind Kollegen in der Buchhaltung. Demnach ist Anton geeignet für die Sozialauswahl. Jedoch

muss nun betrachtet werden, welcher Mitarbeiter von den Ausgewählten den geringsten sozialen Schutz benötigt. Wenn jemand von den Beiden ausgewählt werden muss, dann trifft es Bernd. Die Gründe dafür sind, dass Anton drei Jahre länger als Bernd bei der Sonnenscheintours GmbH beschäftigt ist. Auch ist Anton fünf Jahre älter, und im Regelfall werden ältere Mitarbeiter geschützt, wenn es um Kündigungen geht. Auch hat Anton Kinder und Bernd nicht. Somit besteht gegenüber Anton eine größere Schutzwürdigkeit als gegenüber Bernd.

3.3. Das Covid-19 als Ursache für Kündigungen

Nun wurde der Fall einer Kündigung genau überprüft und untersucht, ob diese rechtlich wirksam ist. Diese ist wirksam, da eine betriebsbedingt Kündigung unter Einhalten der Vorschriften und Fristen vorliegt.

Jedoch muss vor allem in Zeiten von Corona genau überprüft und entschieden werden, ob tatsächlich betriebsbedingt Kündigungen erforderlich sind oder, ob wo anders eingespart werden kann. „Die Covid-19-Pandemie kann außerbetriebliche Gründe für den dauerhaften Wegfall von Beschäftigung schaffen, wie beispielsweise eine drastisch verschlechterte Auftragslage. […] Gerade die Dauerhaftigkeit des Wegfalls dürfte derzeit im Einzelfall schwer zu begründen sein, da noch unklar ist, wie lange die Maßnahmen zur Bekämpfung der Pandemie andauern werden." (Haufe Online Redaktion, 2020, 8. Abs.) Eine Möglichkeit wäre, dass man Bernd eine Abfindung zahlt, um somit den Arbeitsplatzverlustes etwas auszugleichen.

Internationale Touristenankünfte in den Jahren 2000 bis 2019 mit verschiedenen Szenarien im Zuge der Corona-Krise für das Jahr 2020

Abbildung 1: Internationale Touristenankünfte in den Jahren 2000 bis 2019 (https://de.statista.com/statistik/daten/studie/1120634/umfrage/internationale-touristenankuenfte-bis-2019-und-szenarien-fuer-2020-durch-covid-19/, aufgerufen am 09.07.2020)

Dieser Tabelle ist zu entnehmen, dass mit dem Ausbruch des Covid-19 die Touristenankünfte stark abgefallen sind und auch heute noch stark abfallen und nur leicht und langsam wieder aufsteigen. Dies hat starke negative Folgen für die Tourismusbranche, unter anderem auch für Reiseveranstalter. Deswegen sind diese häufig gezwungen, Arbeitsplätze abzubauen, um den Bestand des Unternehmens zu sichern.

Literaturverzeichnis

Fischer, Rafael (2013): Rutschgefahr: Ab wann bedarf es Warnschilder?, http://www.lawinfo.de/index.php/28-ausgewaehlte-rechtsgebiete/schadensersatzrecht/250-rutschgefahr-ab-wann-bedarf-es-warnschilder, abgerufen am 29.06.2020.

Haufe Online Redaktion (2020): Betriebsbedingte Kündigungen in der Corona-Krise, https://www.haufe.de/personal/arbeitsrecht/betriebsbedingte-kuendigung-in-zeiten-des-coronavirus_76_514956.html, abgerufen am 13.07.2020.

Hörmann, M./ Schempf, T./ Wirlitsch, M. (2015), Einführung in das Wirtschaftsrecht, 2. Auflage, Studienbrief der SRH Fernhochschule, Riedlingen.

Meyer, Justus (2018), Die Offene Handelsgesellschaft (OHG), Springer.

Paulic, N. (2018), Einführung in das bürgerliche Recht, 7. Auflage, Studienbrief der SRH Fernhochschule, Riedlingen.

Statistica Research Department (2020): Internationale Touristenankünfte in den Jahren 2000 bis 2019 mit verschiedenen Szenarien im Zuge der Corona-Krise für das Jahr 2020, https://de.statista.com/statistik/daten/studie/1120634/umfrage/internationale-touristenankuenfte-bis-2019-und-szenarien-fuer-2020-durch-covid-19/ , abgerufen am 09.07.2020.